Die kleine **Rätselhexe**

Lernspiele zum Malen und Üben
Vorschule

gondolino

ISBN: 978-3-8112-2967-9
© für diese Ausgabe: gondolino in der Gondrom Verlag GmbH, Bindlach 2008
Reihenlogo: Angelika Stubner
Illustrationen: Katrin Merle, Angelika Penner
Printed in Germany – 020
5 4 3 2 1

Alle Rechte vorbehalten:
Kein Teil dieses Werkes darf ohne schriftliche Einwilligung des Verlages
in irgendeiner Form (Fotokopie, Mikrofilm oder ein anderes Verfahren)
reproduziert werden oder unter Verwendung elektronischer Systeme
verarbeitet, vervielfältigt oder verbreitet werden.

Der Umwelt zuliebe gedruckt auf chlorfrei gebleichtem Papier.

www.gondolino.de

Kannst du das kleine Bild in das große, leere Feld übertragen? Male es schön bunt an.

Welches Schattenbild gehört zu wem?
Verbinde richtig mit Linien.

Wie viele Mohrrüben gibt es für den Esel?
Male für jede Mohrrübe einen Punkt auf
das Schild.

Wo steht der Ritter? Folge den Pünktchenspuren, und male dann alles schön an. Welche Buchstaben kannst du erkennen?

Die beiden Bilder sind fast gleich.
Entdeckst du die fünf Unterschiede?
Kreise sie auf dem rechten Bild ein.

Welche Tiere schauen – von dir aus gesehen – nach links (←)? Kreise sie farbig ein.

Immer zwei Fische sind genau gleich.
Verbinde sie jeweils mit einer Linie.
Gleich anmalen darfst du sie auch.

Wie viele **A**, **P**, **F**, **E** und **L** siehst du im Apfel? Male für jeden Buchstaben je einen Punkt in das richtige Kästchen.

A P F E L

Wer lässt sich hier die Sonne auf den Rücken scheinen? Fahre die Pünktchenspur farbig nach, dann weißt du es.

Hier fehlt doch noch etwas! Schau genau, und kreise dann das richtige Puzzleteil ein.

12

Immer zwei Bilder sind genau gleich.
Male ihre Kreise jeweils gleich an,
und verbinde sie mit einer Linie.

Der Vogel ist auf dem Weg zur Insel. Wie fliegt er? Spure seinen Weg mit deinem Stift ganz oft nach.

Was passiert zuerst, was passiert danach?
Ordne die Bilder, und male die kleinen
Zeichen in der richtigen Reihenfolge in die
Kästchen.

Vorne und hinten! Welche beiden Bildhälften gehören jeweils zusammen? Verbinde richtig mit Linien. Male die beiden Tiere schön an.

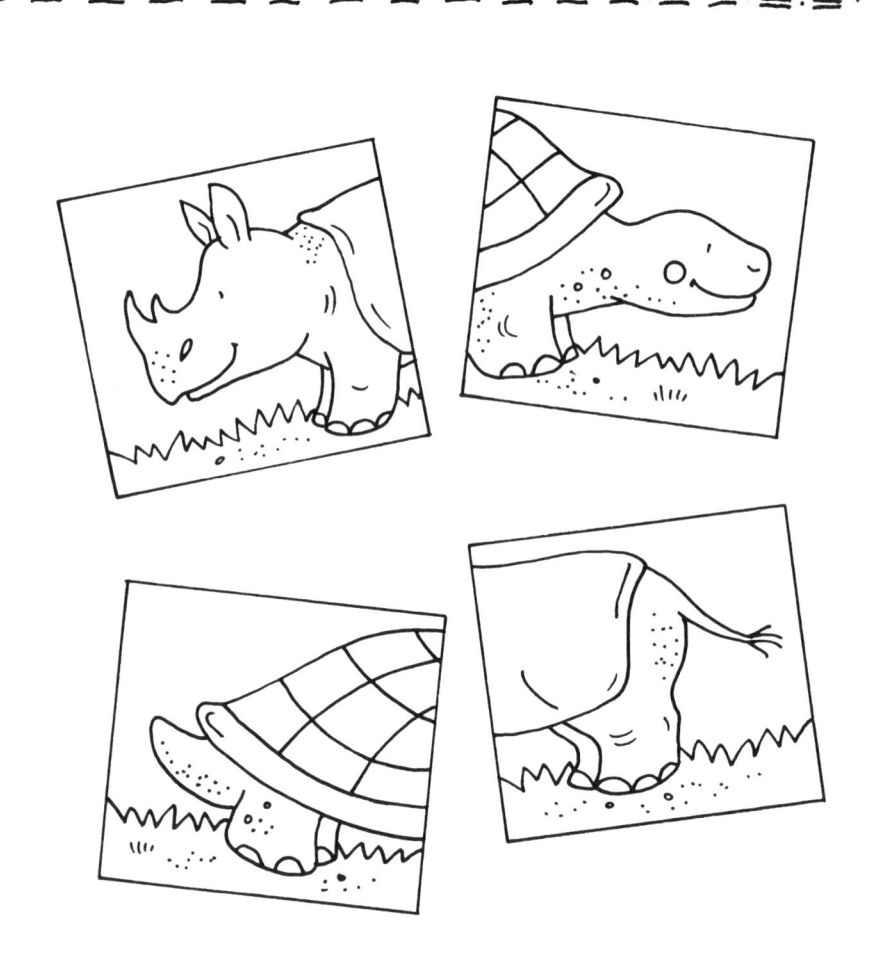

Wo entdeckst du die drei Bilder von unten noch einmal? Male sie an.

Die Schnecken haben ja alle keine Häuser!
Male sie schnell dazu, und zeichne für
jedes Tier einen Punkt in das Kästchen.

Welches Schattenbild passt zu welchem Kopf? Schau genau, und ordne mit Linien richtig zu.

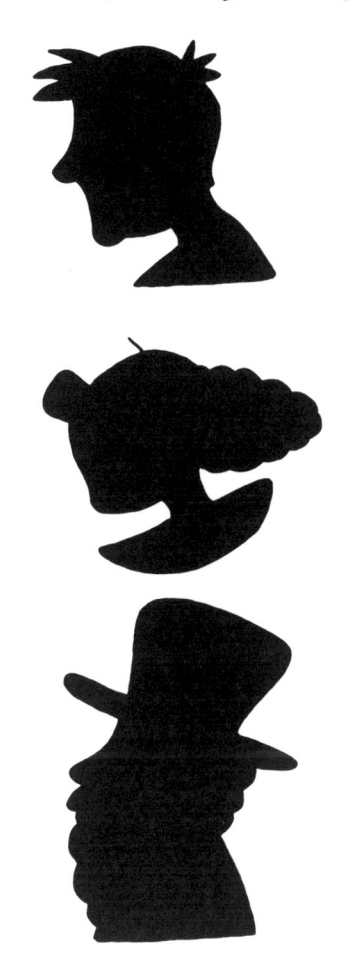

Wen kannst du hier entdecken? Fahre die Pünktchenspuren farbig nach. Dann kannst du ihn sehen.

Zwei Bären sind genau gleich.
Hast du sie schon entdeckt?
Kreise die beiden ein.

Das Schiff segelt auf hoher See. Zeichne die Wellen nach, und male dann alles schön bunt an.

Wer kriecht nach rechts (→), wer kriecht nach links (←)? Male alle Tiere, die nach rechts kriechen, gelb, und alle Tiere, die nach links kriechen, rot an.

Was bekommt Katja zum Geburtstag?
Heimlich guckt sie durchs Schlüsselloch.
Und was sieht sie da? Kennzeichne mit
einem Farbstift die Ausschnitte im Bild.

Fahre die Pünktchenspuren nach.
Welches Tier siehst du jetzt?
Male das Bild schön an.

25

Den Fischen fehlen noch die Schuppen. Male sie dazu und danach das Bild schön bunt aus.

Male das Bild in den angegebenen Farben aus. Dann siehst du ein schönes Reiseziel.

1 = grün   2 = gelb   3 = braun   4 = hellblau   5 = dunkelblau

Die beiden Bilder sind fast gleich.
Entdeckst du die fünf Unterschiede?
Kreise sie auf dem unteren Bild farbig ein.

Welches Schattenbild gehört zu welchem Kleidungsstück? Ordne mit Linien richtig zu.

29

Male die Spur des Schwans nach, und vergleiche seine Form mit den Zahlen oben. Welcher Zahl ähnelt das Bild? Kreise die Zahl ein.

1 2 3 4 5

Was für ein Zirkus! Ein Clown ist hier zweimal zu sehen. Kreise ihn ein.

Aufgepasst! Wie viele Katzen sitzen oder liegen auf dem Sofa? Male die richtige Zahl in deiner Lieblingsfarbe an.

① 1 ② 2 ③ 3 ④ 4

Male die Felder richtig aus. Jedes Zeichen steht für eine bestimmte Farbe. Was siehst du, wenn du fertig bist?

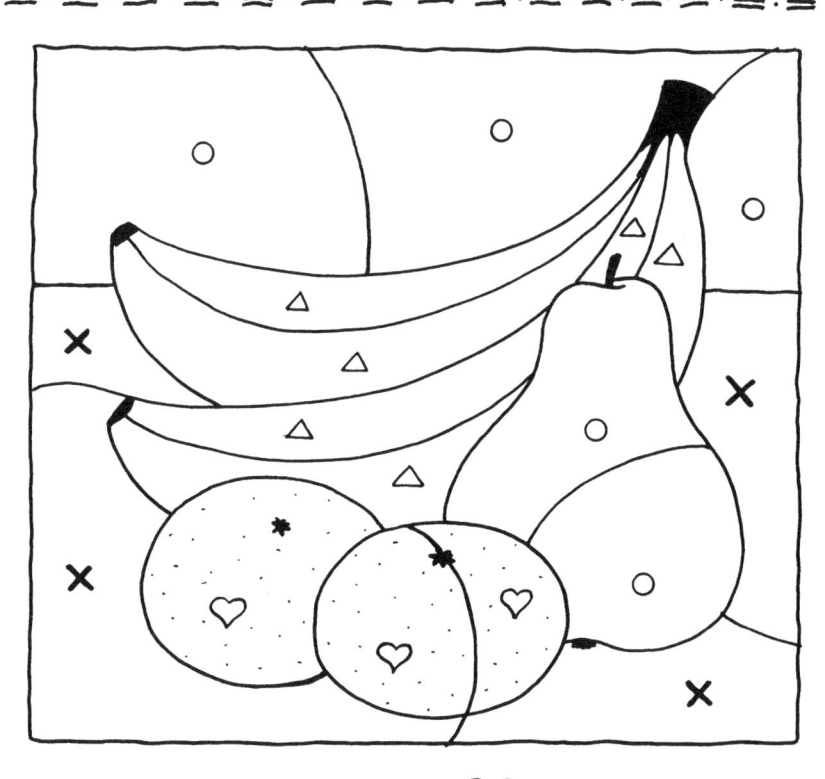

◯ = grün

♡ = orange

✗ = rot

△ = gelb

Mit welchem Buchstaben beginnen die Bilder? Male den richtigen Buchstaben an, und spure die Form nach.

A B C

34

Wie viele Kerzen brennen auf der Geburtstagstorte? Male das Feld mit der richtigen Zahl in deiner Lieblingsfarbe aus.

1 2 3 4 5

Mimi Maus überlegt: Welches Stück fehlt im großen Käselaib? Kreise es ein, oder male es an.

Wie kommt der kleine Bär zum Honigglas?
Male den richtigen Weg für ihn auf.

Lösungen

Seite 3:

Seite 4:

Seite 5:
Es gibt **4** Mohrrüben.

Seite 6:
Der Ritter steht vor einer **Burg**. In der Burg sind die Buchstaben **E**, **F**, **O** und **H** versteckt.

Seite 7:

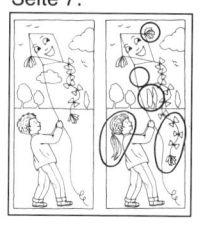

Seite 8:

Seite 9:

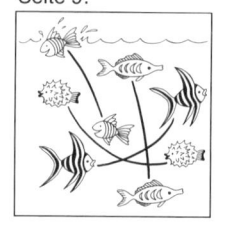

Seite 10:

Seite 11:

Seite 12:

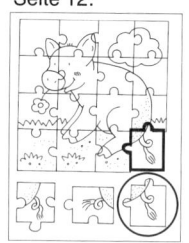

Seite 13:

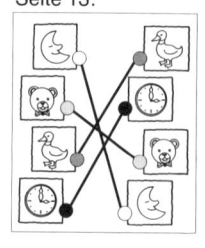

Seite 14:

Seite 15:

Seite 16:

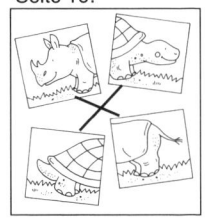

Seite 17:

Seite 18:

Seite 19:

Seite 20:

Seite 21:

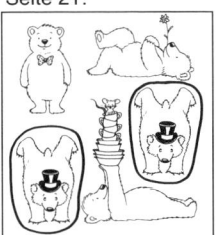

Seite 22:

Seite 23:

Seite 24:

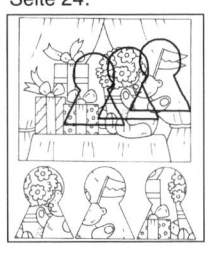

Seite 25:
Es ist ein **Elefant**.

Seite 26:

Seite 27:

Seite 28:

Seite 29:

Seite 30:

Seite 31:

Seite 32:

Seite 33:
Zu sehen sind **zwei Bananen, zwei Mandarinen** und **eine Birne**.

Seite 34:
B – **B**iene, **B**lume, **B**aum

Seite 35:

Seite 36:

Seite 37: